箱詰め おやつの 贈りもの

お歳暮、暦菓子、イベント
手みやげ、持ち寄り、ギフトまで

詰めて楽しむ和と洋の菓子53品

いづいさちこ

誠文堂新光社

お菓子を作って箱に詰め、贈りものにしてみましょう。季節の暦菓子、お祝いや感謝を伝えるお菓子、おしゃべりを楽しむ和のおやつ、持ち寄りデザートなど、どんなものでも箱に詰めると、すまし顔になるから不思議です。この本をきっかけに、お菓子作りがもっともっと楽しくなりますように。

HAPPY
LOVE
LOVE

人を幸せな気持ちにさせる箱詰めおやつ

蓋を開けると箱の中におやつがぎっしり。想像するだけで、なんだかわくわくしてきませんか？　箱いっぱいに詰まったお菓子には、人を幸せな気持ちにさせる魅力があるのです。

　この本では、どら焼きやおはぎなどの和のおやつから、クッキーやロールケーキなど洋菓子まで、さまざまなタイプのお菓子を紹介しています。まずは、ページをめくって目で楽しんでください。眺めているうちに、きっと作ってみたくなるはずです。最初は、きんとんあたりからはじめてみては？　さつまいもをやわらかく火を通してつぶし、砂糖を混ぜ、丸めればできあがり。一つ頬張ってみて、「あら、きんとんって、こんなにおいしかったかしら」と思ったらしめたもの。今度は箱に詰めてみましょう。小さな丸いモノがずらりと並ぶその愛らしさに、思わず見とれ、大好きなあの人へ贈りたくなるはずです。

　私にとって、おやつ作りは一人遊びのようなもの。オーブンからあふれ出す甘い香りにうっとりしたり、炊きたての小豆をつまみ食いしたり、時間がたつのを忘れて没頭してしまいます。そして、蓋を開けた人の笑顔を想像しながらお菓子を箱に詰めるのは、まさに至福のひとときです。

　本のあちこちに登場して、かわいらしいアクセントになっているフェルト菓子は、友人の小物作家、鈴木綾子さんの手によるもの。この本のために、試作を重ねて製作してくれました。この場を借りて感謝申し上げます。

いづいさちこ

箱詰めおやつの贈りもの

目次

＊ページ数が2つあるものは、下がレシピ掲載ページ

本書のおやつ作りの注意点

- 小さじ1は5㎖、大さじ1は15㎖、1合は180㎖です。
- サイズ指定のない卵はMサイズ(殻なし50g前後)を使っています。
- 砂糖は三温糖を使っています。白く仕上げたいお菓子には、上白糖やグラニュー糖がおすすめです。
- 菜種油は太白胡麻油など香りの少ない植物油で代用できます。
- 白玉粉はフードプロセッサーやすり鉢で粉状にしてから使います。
- オーブンは使用前に予熱しておきます。温度や焼き加減は熱源や機種によって異なるため、様子を見ながら加減してください。

1
年中行事やお節句、イベントに贈る季節を楽しむ暦菓子

お歳暮にお年賀、節分にひな祭り、お花見、端午の節句など、日本には古くからの年中行事がたくさんあります。さらにバレンタインデー、ハロウィン、クリスマスなど外国のイベントも加わって、気がつけば一年中、お菓子を楽しむ機会があります。慌ただしい日々だからこそ、お菓子で季節を感じたいものです。

年始のごあいさつに

もっちりミニどら焼き

年始のごあいさつに、どら焼きを木箱に詰めて。プレーンな小豆あんに加え、さつまいもベースの抹茶あん、ジャムとマスカルポーネチーズ入りのあんを詰め合わせて賑やかに。

年を占う　おみくじおやつ
フォーチュンクッキー

一年を占う言葉を紙に記して、クッキーに挟んでみましょう。お年賀としてプレゼントすると、おみくじ代わりになります。

お年賀のお菓子は、白木の箱であらたまった雰囲気に。半紙やトランスパレントペーパーで熨斗を手作りすると、一層気持ちが伝わります。お気に入りの風呂敷に包んで、今年もお世話になるあの方へお届け。

もっちりミニどら焼き

c

a

d

b

□材料

〈生地　8個分＝16枚分〉
白玉粉‥‥40g
水‥‥50mℓ
卵‥‥1個
砂糖‥‥40g
はちみつ‥‥小さじ1
薄力粉‥‥40g
ベーキングパウダー‥‥小さじ1/2
菜種油‥‥適量
〈3種類の具　各1個分〉
小豆あん(P.92)‥‥15g
抹茶いもきんとん(P.85)‥‥15g
あん＆ジャム
　小豆あん(P.92)‥‥15g
　マスカルポーネチーズ‥‥5g
　りんごジャム(P.109)‥‥小さじ1/2

□作り方

〈生地を作る〉

1　ボウルに白玉粉と水を入れ、スプーンで混ぜ合わせる。

2　別のボウルに卵と砂糖を入れ、泡立て器でもったりするまで混ぜる。はちみつを加えてゴムべらで手早く混ぜる。薄力粉とベーキングパウダーを合わせてふるい入れ、切るように混ぜる。

3　1に2を加え、ゴムべらで手早く混ぜる。

4　フライパンに菜種油を薄くひいて弱火にかけ、3の生地を大さじ1ずつ丸く流す(a)。表面にぶつぶつと穴があき、裏面がきつね色に焼けたら表裏を返し(b)、もう片方の面にも薄い焼き色をつける。盆ざるの上に並べて粗熱をとる。

〈3種類の具を挟む〉

5　まんべんなく焼けた面を下にしてまな板にのせ、3種類の具をそれぞれやや手前側にのせる(c)。もう1枚の生地で挟む(d)。

＊気軽につまめる小ぶりなサイズ。薄力粉と白玉粉を同量ずつ使った生地は、しっとり、もっちり。焼きすぎるとかたくなるので手早く焼いて、すぐざるへ。

フォーチュンクッキー

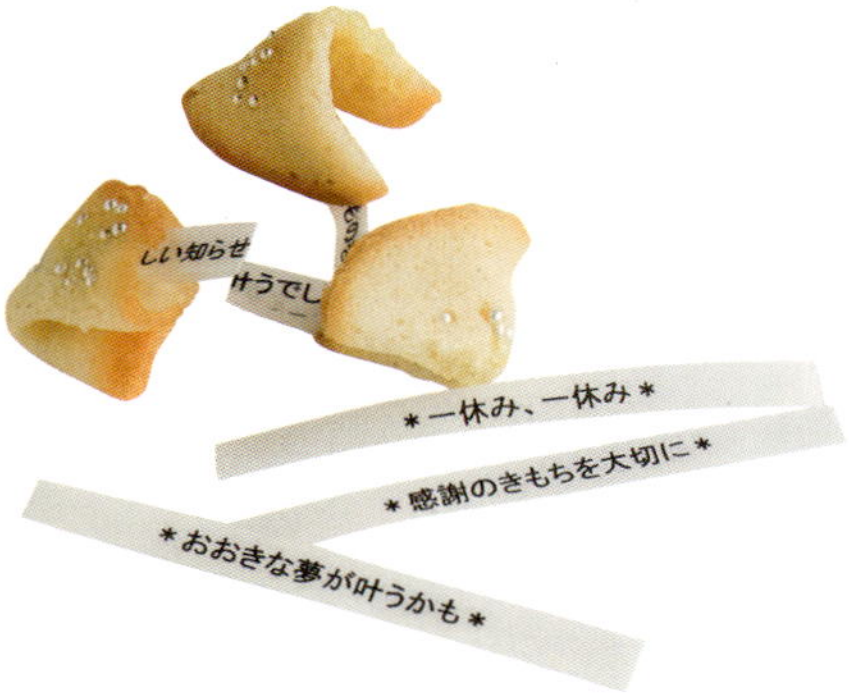

材料　15～20個分

卵白‥‥20g
砂糖‥‥20g
薄力粉‥‥20g
有塩バター‥‥20g
アラザン‥‥適量
シュガースプレー‥‥適量
手作りメッセージペーパー‥‥15～20枚

作り方

1　メッセージペーパーは挟みやすい長さに折る。
2　ボウルに卵白と砂糖を入れ、ハンドミキサーできめ細かく泡立てる（白濁してとろりとなるまで）。
3　2に薄力粉をふるい入れ、ゴムべらで手早く混ぜる。
4　バターは電子レンジ（600W）でラップをせずに1～2分加熱して溶かし、すぐに3に加えて混ぜる。
5　オーブンシートを敷いたオーブンプレートに、4を小さじ1/2ずつ丸く薄く広げ（a・1回4枚が適量）、アラザンとシュガースプレーを少量ずつのせる。ペーパーが温風でめくれないよう重石のスプーンを両脇にのせる（b）。
6　170℃に予熱したオーブンで4分ほど焼く。軍手をはめ、あつあつの生地をペーパーからはがし取り（c）、1を挟んで4つ折りにする（d）。
7　ケーキクーラーや焼き網に挟んで固定して冷ます（e）。

＊生地が熱くやわらかいうちに手早くメッセージペーパーを挟み、形を保ったまま冷まします。あっという間にかたくなるので、4枚ずつ焼くのがおすすめ。

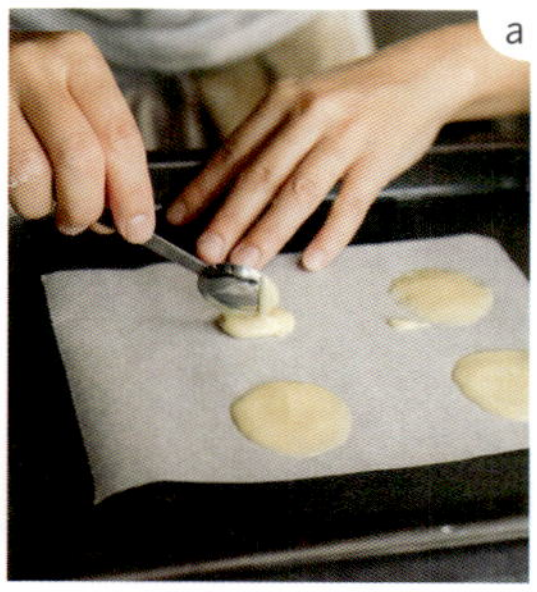
a

b

c

d

e

バレンタインに贈りたい
ベリーとナッツのブラウニー

ドライベリーとナッツをたっぷり入れたブラウニーをバレンタインデーに。しっとりと濃厚な食感が魅力。冷やして召しあがるのもおすすめです。

材料　幅80×長さ175mmのパウンド型1台分

ブラックチョコレート‥‥40g
有塩バター‥‥25g
卵‥‥25g（1/2個分）
砂糖‥‥20g
A
- 薄力粉‥‥25g
- ココアパウダー‥‥5g

B
- ドライベリーミックス‥‥20g
- カシューナッツ‥‥20g

C
- アラザン‥‥適量
- ピンクペッパー‥‥適量

作り方

1　チョコレートは細かく割って耐熱ボウルに入れ、ラップをせずに電子レンジ（600W）で1～2分加熱する。バターを加えてさらに10秒ほど加熱して混ぜる。

2　別のボウルに卵と砂糖を入れ、泡立て器でもったりするまで混ぜる。*1*、合わせてふるったAを順に加え、ゴムべらで切るように混ぜ、Bも加えて混ぜる。

3　パウンド型にオーブンシートを敷き、*2*を入れて平らにならし（厚く流さない）、Cを散らす。

4　170℃に予熱したオーブンで6～7分焼く。型から出してケーキクーラーにのせて冷ます。

＊型に生地を薄めに流して短時間で焼き上げることで、中心をやわらかめの食感に仕上げます。ドライベリーミックスがなければ、好みのドライフルーツを使ってください。

赤い箱にきれいなペーパーをのせて、表情のある糸をかけるだけで楽しいラッピングのできあがり。

節分の日の差し入れに
きなこのマドレーヌ

きなこは大豆を粉にしたもの。節分の豆にちなんで、きなこ風味のマドレーヌを焼きましょう。甘納豆やごまのトッピングで和の雰囲気にまとめて。

回材料　直径4×高さ3cmのアルミ箔菊型6個分

卵・・・・1個
砂糖・・・・40g
A
- 薄力粉・・・・50g
- 焦がしきなこ・・・・10g
- ベーキングパウダー・・・・小さじ1/2

有塩バター・・・・50g
白・黒ごま・・・・各適量
B
- カシューナッツ・・・・6個
- 甘納豆・・・・12個

回作り方

1. バターは耐熱容器に入れ、ラップをせずに電子レンジ(600W)で1〜2分加熱して溶かす。
2. ボウルに卵と砂糖を入れ、ハンドミキサーでもったりするまで混ぜる。Aを合わせてふるい入れ、ゴムべらで切るように混ぜる。
3. *2*に*1*を加えて手早く混ぜ、アルミ箔菊型に流し、白・黒ごまをふる。
4. 170℃に予熱したオーブンに入れ、5分たったら取り出してBをのせ、すぐにオーブンに戻して5分ほど焼く。

*ナッツや甘納豆は重みがあるので、最初からのせて焼くと沈んでしまいます。焼いている途中で手早くのせ、すぐにオーブンに戻すときれいに仕上がります。

焙煎の強い焦がしきなこは、ふつうのものより色味がワントーン濃く、お菓子にも独特の香ばしさをプラスしてくれます。

ひな祭りの贈りもの

いちごのロールケーキ

ひな祭りの頃に、ちょうど旬を迎えるいちごでロールケーキを作りましょう。粉糖をかけて、ストロベリーパウダーでおめかし。清潔感のある白い箱が似合います。

女の子を祝うお節句だから、ぜひともお花を添えましょう。お菓子の色に合わせてブーケもやさしい色でまとめてみては？　ロールケーキを切るときは、1スライスごとに包丁をぬれ布巾で拭くときれいに切れます。

いちごのロールケーキ

□材料　長さ約20cm 1本分

〈生地〉
卵黄・・・・2個
卵白・・・・2個分
砂糖・・・・30g
菜種油・・・・20㎖
牛乳・・・・20㎖
A
｜薄力粉・・・・40g
｜ベーキングパウダー・・・・小さじ1/6

〈具材と飾り〉
生クリーム・・・・100㎖
砂糖・・・・大さじ1/2
いちご・・・・大6〜7個
粉糖・・・・適量
ストロベリーパウダー・・・・適量
フリーズドライストロベリー・・・・適量

1 生地の型としてバット（205×266×高さ43mm）を使う。オーブンシートを敷いておく。

2 生地を作る。ボウルに卵黄、砂糖の半量を入れてハンドミキサーで混ぜ、菜種油、牛乳を順に加えてさらに混ぜ、Aを合わせてふるい入れる。

3 粉気がなくなるまで泡立器で手早く混ぜる。

4 別のボウルに卵白を入れ、残りの砂糖を加えてハンドミキサーで角が立つまで泡立てる。

5 *3*に*4*の1/3を加え、ゴムべらでむらなく混ぜる。

6 残りの*4*も加え、気泡をつぶさないように切るように手早く混ぜる。

7 *6*を*1*に流し入れ、バットを軽く台に打ちつけて、大きな気泡をつぶすとともに生地を平らにならす。

8 190℃に予熱したオーブンで10分ほど焼く。型から出してケーキクーラーにのせ、ラップをふわっとかけて冷ます。

冷めた8をまな板に伏せてのせ、オーブンシートをはがす。焼き目がはがれずに残った箇所は包丁で削ぎ取る。

生地の上下を返し（焼き色の面が上）横長に置く。左右両端を斜めに切り落とし、表面には1.5cm幅の浅い切り込みを縦に入れる。

生クリームに砂糖を加え、角が立つまで泡立てる。まな板にクッキングシートを敷いて生地を縦長に置き、ゴムべらでクリームを塗り広げる。

クリームは手前を厚く、奥を薄くならし、手前にいちごをすき間なく互い違いに並べる（端からはみ出すくらいに）。

オーブンシートを巻きす代わりにして手前から巻いていく。まず、いちごを芯にしてきつめに巻く。

シートを巻き込まないように気をつけて、最後まで巻く。

シートを外し、ラップでぴっちりと包む。冷蔵庫で3時間〜半日冷やして落ち着かせる。

両端を切り落とし、茶漉しで粉糖を生地の表面にふる。さらにストロベリーパウダーを帯状にふり、その上にフリーズドライストロベリーをのせる。

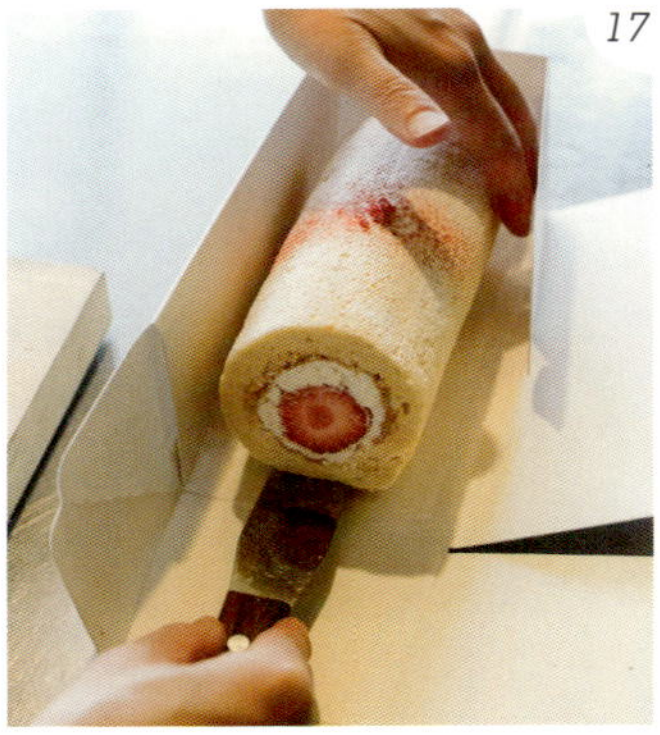

箱に詰める時は、パレットナイフなどを使ってそっと移動させる。
＊いちごのほか、好みのフルーツで楽しんで！

お花見のおやつ

関西風桜餅

桜餅をわっぱに詰めて、桜を愛でに出かけませんか？　餅米であんを包む関東風より、焼いた生地で包む関西風のほうが手軽に作れます。

a

b

c

d

e

f

材料　16個分

A
- 白玉粉(ダマをつぶす)‥‥50g
- 薄力粉(ふるう)‥‥50g
- 砂糖‥‥20g
- 水‥‥75mℓ

ハイビスカス＆ローズヒップティー
‥‥ティーバッグ1袋
湯‥‥約100mℓ
小豆あん(P.92)‥‥320g
桜葉の塩漬け‥‥8枚
桜花の塩漬け‥‥8輪
菜種油‥‥適量

作り方

1 桜葉と花の塩漬けは、30分ほど水に浸して塩抜きする。
2 ハイビスカス＆ローズヒップティーのティーバッグを湯に浸し、ピンク色のお茶を作る(a)。ここから75mℓを使う。
3 小豆あんは20gずつに分け、細めの俵型に丸める。
4 ボウルにAと2を入れ(b)、泡立て器でむらなく混ぜる(c)。
5 フライパンに菜種油を薄くひいて弱火にかけ、4を大さじ1ずつ楕円形に流し、両面を1分ずつ焼く(d)。盆ざるに並べて粗熱をとる。
6 5のきれいな面を下にしてまな板にのせ、手前に3をのせて巻く(e)。
7 6の半分には1の葉を水気を切って巻き(f)、残りには1の花を水気を切ってのせる。

＊食紅を使わず、ハーブティーで染める桜餅です。焼き皮で巻く関西風なら、初めての人でも気楽に作れます。

こどもの日の手みやげに

柏餅 こいのぼりクッキー

小豆あんと味噌あんの柏餅。小豆あんは葉を中表に、味噌は外表に包むのが昔からの習わしです。青空を仰ぐこいのぼりクッキーも詰め合わせて。

こいのぼりクッキー

◻材料　15～20枚分

有塩バター（室温にもどす）・・・・50g
砂糖・・・・30g
卵・・・・25g（1/2個分）
薄力粉・・・・100g
煎茶葉（すり鉢で粉にする）・・・・小さじ1
ココアパウダー・・・・小さじ1

◻作り方

1　ボウルにバターを入れ、スプーンで混ぜてやわらかくし、砂糖を加えてよく混ぜる。
2　卵を溶きほぐし、*1*に3回に分けて加えて泡立て器で混ぜる（完全に混ざったら次の分を加える）。
3　*2*に薄力粉をふるい入れ、ゴムべらで切るように混ぜる。粉気がなくなったら3等分し、1つには煎茶葉、1つにはココアパウダーを混ぜ、残りはプレーンのままとし、それぞれひとまとめにしてラップで包み、冷蔵庫で30分以上休ませる。
4　麺棒で*3*をそれぞれ5mm厚さにのばし、2.5×5cmの長方形にカットし、片方の端を三角に切り落として尾に見立てる。切り落とした生地を大小に丸めてつぶし、色違いの生地を目に見立ててつける。胴体にフォークを刺して模様をつける（写真下）。
5　オーブンシートを敷いたオーブンプレートに並べ、170℃に予熱したオーブンで20～25分焼く。

＊プレーン、煎茶、ココアの3種類の味。目は焼くと外れやすくなるので、生地をしっかりと押し広げて下の生地に密着させます。

柏餅

◻材料　8個分

餅生地
　上新粉・・・・90g
　白玉粉（ダマをつぶす）・・・・10g
　砂糖・・・・20g
　水・・・・100mℓ
小豆あん（P.92）・・・・80g
味噌あん
　白花豆の甘煮（市販）・・・・80g
　白味噌・・・・大さじ1
柏の葉（湯通しする）・・・・8枚

◻作り方

1　味噌あんを作る。白花豆の甘煮をすり鉢かフードプロセッサーですりつぶし、白味噌を加えて混ぜる。手に水をつけて20gずつに分けて丸める。
2　小豆あんも20gずつに分けて丸める。
3　耐熱ボウルに餅生地の材料を入れ、木べらでむらなく混ぜる。ラップをかけ、電子レンジ（600W）で1分30秒加熱し、水をたっぷりつけた木べらで練り混ぜる。さらに1分→30秒→15秒と加熱を小刻みに短くしつつ、そのつど練り混ぜる。餅状にならなければ、さらに15秒ずつ加熱をくり返す。
4　水でぬらして絞ったさらしの中央に*3*をのせ、布の端を寄せて絞り、まな板の上を転がしつつ練り、なめらかになったら布から取り出す。
5　手を水でぬらして*4*を8等分に丸め、乾かないようにぬれ布巾をかける。
6　*5*を手のひらで楕円形に押しのばし、*1*または*2*をのせてくるみ（写真下）、柏の葉で包む。

＊電子レンジでの餅作りは、加熱しすぎるとかたくなってもう戻りません。一気に加熱せず、様子を見ながら慎重に小刻みに！

十五夜の月を愛でながら

お月見だんご

月夜に楽しむおだんごは、定番のみたらしに、小豆あん、黒ごまきなこに白ごまナッツ。小ぶりに作れば、あれもこれもいろんな味が楽しめます。

回材料　12本分

だんご生地
- 上新粉‥‥180g
- 白玉粉（ダマをつぶす）‥‥20g
- 砂糖‥‥20g
- 水‥‥200㎖

みたらしあん
- 砂糖‥‥大さじ2
- 醤油‥‥大さじ1
- 片栗粉‥‥小さじ1
- 水‥‥大さじ4

黒ごまきなこ
- 黒ごま‥‥小さじ1
- 焦がしきなこ‥‥小さじ1
- 砂糖‥‥大さじ1

白ごまナッツ
- 白ごま‥‥小さじ1
- くるみ（みじん切り）‥‥小さじ1
- かぼちゃの種（みじん切り）‥‥小さじ1
- 砂糖‥‥大さじ1

小豆あん（P.92）‥‥45g

回作り方

1　みたらしあんを作る。小鍋に材料を入れて弱火にかけ、混ぜながら熱してとろみをつける。

2　黒ごまきなこを作る。黒ごまを軽くすりつぶし、その他の材料と混ぜる。

3　白ごまナッツを作る。白ごまを軽くすりつぶし、その他の材料と混ぜる。

4　小豆あんは15gずつに分ける。

5　耐熱ボウルにだんご生地の材料を入れ、木べらでむらなく混ぜる。ラップをかけて電子レンジ（600W）で1分30秒加熱し、水をたっぷりつけた木べらで練り混ぜる。さらに1分30秒→1分→30秒→15秒と加熱を小刻みに短くしつつ、そのつど練り混ぜる。餅状にならなければ、さらに15秒ずつ加熱をくり返す。

6　水でぬらして絞ったさらしの中央に*5*をのせ、布の端を寄せて絞る。まな板の上で転がしつつしっかりと練り、なめらかになったら布から取り出す。

7　手を水でぬらして*6*を24等分して丸め、竹串に2個ずつ刺し、乾かないようにぬれ布巾をかける。

8　*7*に*1*、*2*、*3*、*4*をそれぞれたっぷりかける。

＊だんご生地は電子レンジで一気に加熱せず、様子を見ながら小刻みに加熱。湿らせた木べらで水分を補いつつ混ぜるのがポイントです。

お彼岸の手みやげおやつ

おはぎ

小豆あん、きなこ、ごま——3種類のおはぎを重箱に詰めて。萩の花が咲く秋にはおはぎ、牡丹が咲く春にはぼた餅、と季節によって呼び名が変わるのも風情があります。

おはぎを囲んで、ゆったりとおしゃべりの時間をすごしましょう。懐紙や黒文字、とっておきのお茶も用意して。全種類召しあがっていただけるよう、小さめに仕立てます。

おはぎ

□材料　小ぶり12個分

もち米・・・・1合
小豆あん(P.92)・・・・240g
きなこ砂糖
　きなこ・・・・20g
　砂糖・・・・10g
ごま砂糖
　黒・白ごま・・・・各20g
　砂糖・・・・10g

1

もち米は洗って30分以上浸水し、炊飯器のもち米モードで炊く。すりこぎで軽くつぶし、手に水をつけて30gを8つ、15gを4つ計量してすべて丸める。

2

小豆あんは30gを4つ、15gを8つ計量し、すべて丸める。30gのあん玉をラップ2枚で挟んで丸く押し広げ、上のラップを外して15gのもち米玉をのせる。

3

ラップの端を寄せて絞り、形を整える。完全にもち米が隠れなくてよい(ラップを使うと手がべとつかず、まとめやすい)。

4

ラップから取り出す。あんで完全に覆われたほうを表にする。

5

30gのもち米玉をラップ2枚で挟み、丸く押し広げる。

上のラップを外し、15gのあん玉をのせる。

ラップの端を寄せて絞り、形を整える。

ボウルにきなこ砂糖の材料を合わせ、7の半量を入れて転がす。

全面にまぶさったら、取り出す。

ごま砂糖の材料をボウルに合わせ、残りの7にまぶす。

ハロウィンを楽しむ

かぼちゃのマフィン
ブラックココアのマフィン

Trick or Treat ! 日本にもすっかり定着したハロウィン。かぼちゃ味にしようか、ココア味にしようか……。迷っている仮装姿の子どもたちが目に浮かぶようです。

ブラックココアのマフィン

材料　直径40×高さ25mmのグラシンケース10～12個分

A
- ブラックココアパウダー・・・・10g
- ココアパウダー・・・・5g
- 薄力粉・・・・150g
- ベーキングパウダー・・・・小さじ1/2

卵・・・・1個
砂糖・・・・60g
菜種油・・・・60㎖
牛乳・・・・60㎖

B
- かぼちゃの種・・・・40～50個
- アラザン・・・・適量

チョコレート・・・・適量

作り方

1. Aを合わせてボウルにふるい入れる。
2. 別のボウルに卵と砂糖を入れ、泡立て器でもったりするまで混ぜる。菜種油を少しずつ加えながら混ぜ続け、牛乳も加えて混ぜる。
3. *2*に*1*を加え、ゴムべらで切るように混ぜる(粉気がなくなるまで)。
4. プリン型などにマフィン用グラシンペーパーを敷き、*3*を入れ、Bをのせる。
5. 170℃に予熱したオーブンで10～15分焼く。型から出してケーキクーラーにのせ、ラップをふわっとかけて冷ます。粗熱がとれたら、チョコレートを差し込む。

＊ブラックココアで黒く仕上げてハロウィンらしさを演出。黒猫のシールで飾りを手作りしてみてはいかが？

色のはっきりしたお菓子は見せるラッピングがさまになります。リボン代わりの毛糸で、心あたたまる雰囲気に。

かぼちゃのマフィン

材料　直径40×高さ25mmのグラシンケース10～12個分

かぼちゃ・・・・正味75g

A
- 薄力粉・・・・150g
- ベーキングパウダー・・・・小さじ1/2
- シナモンパウダー・・・・少々

卵・・・・1個
砂糖・・・・60g
菜種油・・・・60㎖
牛乳・・・・50㎖

B
- かぼちゃの種・・・・40～50個
- アラザン・・・・適量

ホワイトチョコレート・・・・適量

作り方

1. かぼちゃはすりおろす。
2. Aを合わせてボウルにふるい入れる。
3. 別のボウルに卵と砂糖を入れ、泡立て器でもったりするまで混ぜる。菜種油を少しずつ加えながら混ぜ続け、牛乳も加えて混ぜる。
4. *3*に*1*と*2*を加え、ゴムべらで切るように混ぜる(粉気がなくなるまで)。
5. プリン型などにマフィン用グラシンケースを敷き、*4*を入れ、Bをのせる。
6. 170℃に予熱したオーブンで10～15分焼く。型から出してケーキクーラーにのせ、ラップをふわっとかけて冷ます。粗熱がとれたら、ホワイトチョコレートを差し込む。

＊菜種油を使ったやさしい味わいの、しっとりしたマフィン。かぼちゃのお化けの飾りを爪楊枝に貼って飾りましょう。

クリスマスの贈りもの

ジンジャーブレッドマン

このクッキーは、オーブンから漂うスパイスの香りが格別。かわいい笑顔を描いて、小さな木箱に詰めましょう。蓋を開けた時に、目が合いますように。

毛糸をつけた透明な袋をクッキーと一緒に贈りましょう。袋に詰めてツリーに結べば、かわいらしいオーナメントに！　作ってうれしい、眺めて楽しい、そしてもちろん、食べておいしいジンジャーブレッドマンです。

□材料　約20個分

有塩バター(室温にもどす)・・・・50g
砂糖・・・・30g
卵・・・・25g(1/2個分)
薄力粉・・・・100g
抹茶(粉)・・・・小さじ1/4
A
　ジンジャーパウダー・・・・小さじ1/3
　シナモンパウダー・・・・小さじ1/3
　ナツメグパウダー・・・・小さじ1/4
アイシング
　粉糖・・・・50g
　卵白・・・・8g
　レモン汁・・・・適量
　ラム酒(ダーク)・・・・適量

ジンジャーブレッドマン

□作り方

1　ボウルにバターを入れ、スプーンで混ぜてやわらかくし、砂糖を加えてよく混ぜる。
2　別のボウルに卵を溶きほぐし、3回に分けて*1*に加えて泡立て器で混ぜる(完全に混ざってから次の分を加える)。
3　薄力粉をふるい入れてゴムべらで切るように混ぜる(粉気がなくなるまで)。
4　*3*の約1/6を取り分け、抹茶を加え混ぜる。残りにはAを加え混ぜる。それぞれひとまとめにしてラップで包み、冷蔵庫で30分以上休ませる。
5　麺棒で*4*の生地をそれぞれ5mm厚さにのばし、抹茶生地はツリー型(長さ3cm)で抜き、ジンジャー生地は大小の人型(長さ4、2.5cm)、雪の結晶型(3cm大)で抜く。
6　オーブンシートを敷いたオーブンプレートに*5*を並べ、170℃に予熱したオーブンで20〜25分焼く。ケーキクーラーに並べて冷ます。
7　アイシングを作る。粉糖と卵白をよく混ぜ、残りの材料も混ぜて固めのペースト状にする。
8　ツリーと人型のクッキーに*7*で仕上げをする。楊枝の太いほうで*7*をすくい取り、ツリーには雪を、人型には目やボタンを点々とつけ、楊枝の細いほうで口を描く。固まるまでおく。

＊楊枝で描くアイシングなら、初めての人でもチャレンジしやすいはず。
1個ずつ表情がちがうところがまた愛らしいのです。

クッキーの甘い香りに包まれながらのツリーの準備は、至福のひととき。キャンドルを灯し、1つずつ袋に詰めて、ゆったりとクリスマスを楽しみます。

12月にゆっくり味わう シュトーレン

ドイツの12月のお菓子、シュトーレン。クリスマスを待ちわびながら、毎日少しずつスライスして楽しみます。日持ちするので、贈りものにもぴったりです。

材料　1本分

生地

- 有塩バター(よく冷やす)‥‥25g
- 強力粉‥‥50g
- 薄力粉‥‥50g
- アーモンドプードル‥‥25g
- 砂糖‥‥25g
- 卵‥‥25g(1/2個分)
- 牛乳‥‥25㎖
- ドライイースト‥‥3g
- シナモンパウダー‥‥小さじ1/2
- ナツメグパウダー‥‥小さじ1/2

フィリング

- くるみ(粗みじん切り)‥‥25g
- アーモンドスライス‥‥25g
- ドライフルーツのラム種漬け(P.87)‥‥25g
- オレンジピール(粗みじん切り)‥‥25g

仕上げ用有塩バター(室温にもどす)‥‥15g

粉糖‥‥大さじ1/2

作り方

1 生地を作る。バターを1cm角に切り、その他の材料(粉類は合わせてふるう)とともにフードプロセッサーでむらなく混ぜる。

2 *1*を麺棒で約15cm四方にのばす。フィリングの半量を全体に散らして軽く押し込み、端からくるくると巻く(写真右上)。

3 *2*を麺棒で再び15cm四方にのばし、残りのフィリングを散らして巻き、幅8cm×長さ15cmほどのなまこ形に整える。

4 オーブンシートを敷いたオーブンプレートに*3*のせ、170℃に予熱したオーブンで30分ほど焼く。

5 バットの上にケーキクーラーをのせ、焼きたての*4*をのせ、仕上げ用バターを塗る。人肌に冷めたら粉糖をふる。

＊フィリングをたっぷり入れるために、2回に分けて巻き込みます。生地からフィリングがこぼれ出たら、打ち粉(小麦粉)を少々まぶして中に入れ込みましょう。

経木で巻いて針葉樹の葉をのせ、お気に入りの空き缶へ。蓋を開けたときに広がるスパイスの香りが魅力。

国立ブレンド
No.1
キリマンジャロ

半紙に手書きした熨斗をのせ、ひもは赤・白・麻の3本を合わせて結びます。中には、ピンクとグリーンの麩ラスク(P.45)、棒状のソルトビスケット(P.45)、板状のフロランタン(P.44)。お気に入りのコーヒー豆も一緒に。

焼き菓子のお歳暮

フロランタン
青のりと七味のソルトビスケット
麩ラスク

お世話になったあの人へ、焼き菓子とコーヒー豆の詰め合わせギフト。蓋を開けた時の笑顔を想像しながら、気持ちを込めて焼き、彩りよく詰めましょう。

暮れの慌ただしい時期こそ、ゆっくりとコーヒーを煎れて一息つきましょう。バター風味の焼き菓子をお茶請けにして。

フロランタン

□材料　16個分

〈生地〉
有塩バター（室温にもどす）・・・・50g
砂糖・・・・30g
卵・・・・25g（1/2個分）
薄力粉・・・・100g
〈トッピング〉
アーモンドスライス・・・・50g
A
　有塩バター・・・・25g
　砂糖・・・・25g
　生クリーム・・・・25g
　はちみつ・・・・12g
白・黒ごま・・・・合計50g
B
　有塩バター・・・・25g
　砂糖・・・・25g
　生クリーム・・・・25g
　はちみつ・・・・12g

□作り方

1　生地を作る。ボウルにバターを入れ、スプーンで混ぜてやわらかくし、砂糖を加えてよく混ぜる。

2　別のボウルに卵を溶きほぐし、3回に分けて*1*に加えて泡立て器で混ぜる（完全に混ざってから次の分を加える）。

3　薄力粉をふるい入れ、ゴムべらで切るように混ぜる（粉気がなくなるまで）。ひとまとめにしてラップで包み、冷蔵庫で30分以上休ませる。

4　*3*を2等分し、それぞれをオーブンシートの上にのせ、麺棒で5mm厚さの正方形にのばし、フォークで全体に穴をあける。そのままオーブンプレートにのせ、170℃に予熱したオーブンで10〜15分、ほんのり色づくまで焼く。オーブンから出し、プレートにのせたままにしておく。

5　トッピングを作る。アーモンドスライスはフライパンでから煎りする。Aを小鍋に入れて半量になるまで煮詰め、アーモンドを加え混ぜ、*4*の1枚の上に広げる。別の小鍋にBを入れて半量に煮詰め、ごまを加え混ぜ、*4*のもう1枚の上に広げる。

6　*5*を170℃に予熱したオーブンで10〜15分焼く。ケーキクーラーに並べて冷まし、それぞれ8等分の長方形に切り分ける。

＊シートに流れ落ちたキャラメルは、焼き上げ直後にお菓子の上に戻してのせると、冷ましている間になじみます。

フロランタンのバターの濃厚なコクとしっかりした甘さには、コーヒーがことのほかよく合います。暮れの大掃除の合間のコーヒーブレイクにどうぞ。

麩ラスク

材料　50〜60個分

焼き麩‥‥30g
有塩バター‥‥60g
砂糖‥‥30g
ラズベリーパウダー‥‥小さじ1
抹茶(粉)‥‥小さじ1

作り方

1　バターは耐熱容器に入れ、ラップをせずに電子レンジ(600W)で1〜2分加熱して溶かす。
2　*1*に麩を両面浸して軽くしみ込ませ、砂糖をまぶす。
3　オーブンシートを敷いたオーブンプレートに並べ(a)、170℃に予熱したオーブンで8〜10分焼く。
4　3等分に分けてケーキクーラーに並べ、一つはそのまま冷ましてプレーンに仕上げ、残りにはそれぞれ、熱いうちに茶漉しでラズベリーパウダー、抹茶をかける(b・c)。

＊さくさく、ほろほろとしたやさしい食感と、バターの風味がクセになるおやつ。オーブンで焼く代わりにフライパンで両面焼いてもOK。

青のりと七味のソルトビスケット

材料　15本分

A
　薄力粉(ふるう)‥‥100g
　砂糖‥‥10g
　塩‥‥小さじ1/3
　青のり‥‥小さじ1
　粉チーズ‥‥10g
　七味唐辛子‥‥小さじ1/2
　くるみ(みじん切り)‥‥20g
菜種油‥‥大さじ2
水‥‥大さじ2

作り方

1　大きめのボウルにAを入れ、まんべんなく混ぜる。菜種油を少しずつ加えながら手ですり混ぜ、さらさらの状態にする。水を加え、練らないようにまとめる。
2　*1*を麺棒で6〜7mm厚さにのばし、2×6cmの長方形に切り、フォークで中央に縦一直線に穴をあける。
3　オーブンシートを敷いたオーブンプレートに並べ、170℃に予熱したオーブンで20〜25分焼く。ケーキクーラーに並べ、熱いうちに七味唐辛子(分量外)をふる。

＊青のりの香りと七味唐辛子の辛みがクセになる、おつまみおやつ。練るとかたく締まった食感になるので注意しましょう。

2

おめでとう。ありがとう。お祝いと感謝の贈りもの

「おめでとう」「ありがとう」。伝えたい気持ちをお菓子に込めて贈りましょう。蓋を開けた時に喜んでくれる顔を想い浮かべながら、心を込めて作ります。箱を選んで、ラッピングして……。いつの間にか夢中になっている自分を発見するはず。いちばんうれしいのは、あなた自身かもしれません。

大人のバースデーケーキ

ゆずクリームのココアロールケーキ

ブラックココアの深い色がシックな、バースデーケーキ。ココアのほろ苦さと、ゆずやオレンジピールの甘酸っぱさが響き合います。カードとゆずキャンディを添えて。

ケーキの色に映える銀色の細いキャンドルも添えて、黒いかごで上品にラッピング。プレゼントする自分まで、思わずうれしくなってしまう組み合わせです。

ココア生地に生クリームをぬり、ゆずジャム、ゆずピール、オレンジピールをふんだんに散らします。白ワインを抜いて、さあ、誕生日を祝いましょう。

ゆずクリームの
ココアロールケーキ

作り方

1 生地の型としてバット(205×266×高さ43mm)を使う。オーブンシートを敷いておく。

2 Aを合わせてボウルにふるい入れる。

3 別のボウルに卵と砂糖を入れ、ハンドミキサーでしっかり泡立てる。菜種油を加えながら、さらに混ぜる。

4 3に2を加え、ゴムべらで切るように手早く混ぜる(多少粉気が残っていてよい)。1に流し入れ、バットを軽く台に打ちつけて大きな気泡をつぶすとともに生地を平らにならす。

5 190℃に予熱したオーブンで10分ほど焼く。型から出してケーキクーラーにのせ、ラップをふわっとかけて冷ます。

6 5をまな板に伏せてのせ、オーブンシートをはがす。上下を返し(焼き色の面が上)、横長の向きに置き、左右両端を斜めに切り落とし、表面には1.5cm幅の浅い切り込みを縦に入れる。

7 生クリームに砂糖を加えてしっかり泡立てる。

8 まな板にクッキングシートを敷いて6を縦長に置き、7を塗り広げ(手前を厚く、奥を薄く)、フィリングの材料を奥側2cmを残して散らす。

9 オーブンシートを巻きす代わりにして巻いていく。一巻きしたら、シートを巻き込まないように気をつけて最後まで巻く。

10 シートを外し、ラップでぴっちりと包む。冷蔵庫で3時間〜半日冷やして落ち着かせる。

11 レースペーパーを表面中央にのせ、茶漉しで粉糖をふり、ペーパーをそっと外す。

*生地にかなりの量のココアパウダーを混ぜますが、混ぜすぎは膨らみが悪くなるもと。さっくり手早く混ぜることが大切です。ゆずジャムはゆず茶用のものを使用しています。

材料　長さ約20cm 1本分

卵‥‥2個
砂糖‥‥40g
菜種油‥‥10mℓ
A
　薄力粉‥‥30g
　ブラックココアパウダー‥‥10g
　ココアパウダー‥‥5g
　ベーキングパウダー‥‥小さじ1/6
生クリーム‥‥100mℓ
砂糖‥‥大さじ1/2
フィリング
　ゆずジャム‥‥30g
　ゆずピール(粗みじん切り)‥‥15g
　オレンジピール(粗みじん切り)
　　‥‥15g
粉糖‥‥適量

レースペーパーはケーキの模様づけにも使えます。ココア生地にのせて粉糖をふると、雪の結晶のような美しい模様ができるのです。

結婚祝いの贈りもの

おめでとうクッキーの詰め合わせ

クッキースタンプを押したメッセージクッキー、ナッツやドライフルーツをのせたアイシングクッキー、ハートの形のジャムサンド、花形クッキーの詰め合わせ。祝福の気持ちも箱いっぱいに詰めて。

メッセージ
クッキー

□作り方　＊右記の生地とパーツを使用

1　プレーン、ココアの2種類の生地を55mm四方の型で抜く(a)。

2　クッキースタンプで「HAPPY WEDDING」「LOVE」「♡」などをスタンプする(b)。

3　オーブンシートを敷いたオーブンプレートに並べ、170℃に予熱したオーブンで20～25分焼く。真ん中を指で押してみて、かたくなっていれば焼き上がり。ケーキクーラーに並べて冷ます。

4　アイシングを楊枝の細いほうにつけ、リボン模様を描き(c)、太いほうでドット柄を描く。固まるまでおく。

c

a

b

生地とパーツ

□材料　約40枚分

プレーン生地
- 有塩バター(室温にもどす)‥‥100g
- 砂糖‥‥60g
- 卵‥‥1個
- 薄力粉‥‥200g

ココア生地
- 有塩バター(室温にもどす)‥‥50g
- 砂糖‥‥30g
- 卵‥‥25g(1/2個分)
- 薄力粉‥‥100g
- ココアパウダー‥‥大さじ1・1/2

アイシング
- 粉糖‥‥50g
- 卵白‥‥8g
- レモン汁‥‥適量
- ラム酒(ダーク)‥‥適量

クッキー用ジャム
- いちごジャム‥‥100g

□作り方

〈プレーン生地〉

1　ボウルにバターを入れ、スプーンで混ぜてやわらかくし、砂糖を加えてよく混ぜる。

2　別のボウルに卵を溶きほぐし、3回に分けて*1*に加えて泡立て器で混ぜる(完全に混ざってから次の分を加える)。

3　薄力粉をふるい入れ、ゴムべらで切るように混ぜる(粉気がなくなるまで)。ひとまとめにしてラップで包み、冷蔵庫で30分以上休ませた後、麺棒で5mm厚さにのばす。

〈ココア生地〉

4　*1*、*2*と同様に作業し、薄力粉とココアパウダーを合わせてふるい入れ、*3*と同様に混ぜて休ませた後、のばす。

〈アイシング〉

5　粉糖と卵白をよく混ぜ、残りの材料を加え混ぜてかためのペースト状に仕上げる。

〈クッキー用ジャム〉

6　いちごジャムを耐熱容器に入れ、ラップをせずに電子レンジ(600W)で3～4分加熱する(水分が飛んで濃くなり、半量ほどに減る)。

ナッツ＆ベリーの アイシングクッキー

作り方　＊53ページの生地とパーツを使用

1　2種類の生地を直径55mmの菊型で抜く。

2　53ページのメッセージクッキーと同様に焼き、冷めたらアイシングを塗り(写真)、カシューナッツやピスタチオナッツ、ドライブルーベリーやラズベリー、アラザンをのせ、固まるまでおく。

フォーク＆ナイフクッキー

作り方　＊53ページの生地とパーツを使用

1　2種類の生地をフォーク、ナイフ、スプーン、鍵の形の抜き型(各長さ7cm前後)で抜く。

2　53ページのメッセージクッキーと同様に焼き、温かいうちに茶漉しで粉糖少々をふる(上部を斜めに紙で隠す)。

ジャムサンドクッキー

作り方　＊53ページの生地とパーツを使用

1　2種類の生地をトランプのマークの抜き型や菊型(各約25mm大)で抜く(2枚1組)。

2　53ページのメッセージクッキーと同様に焼き、冷めたら2枚でクッキー用ジャムを挟む。

花形ジャムクッキー

□作り方　＊53ページの生地とパーツを使用

1　2種類の生地を花形の抜き型(直径4cm)で抜き(2枚1組)、片方の中央を丸型(直径約1.5cm)で抜く。

2　53ページのメッセージクッキーと同様に焼き、冷めたらアイシングで対になる2枚を貼り合わせ、茶漉しで粉糖少々をふり、中央にクッキー用ジャムを詰める。

お気に入りのスタンプを押したペーパーとトレーシングペーパーを重ねてリボンがけ。メッセージカードとお花も添えましょう。

母の日に感謝をこめて

生らくがん

言葉に出せない気持ちをお菓子に託してみては？

いちご、きなこ、抹茶風味の生らくがんをキャンディ風に包むと、うっすら透ける色合いが魅力的です。

□材料　各6個分

〈いちご風味のらくがん〉
粉糖‥‥20g
寒梅粉‥‥2g
ストロベリーパウダー‥‥小さじ1/6
水‥‥小さじ1/3～1/2

〈きなこ風味のらくがん〉
粉糖‥‥20g
寒梅粉‥‥2g
焦がしきなこ‥‥小さじ1/4
水‥‥小さじ1/3～1/2

〈抹茶風味のらくがん〉
粉糖‥‥20g
寒梅粉‥‥2g
抹茶(粉)‥‥小さじ1/6
水‥‥小さじ1/3～1/2

□作り方　＊各風味とも共通

1　ボウルに粉糖、寒梅粉、ストロベリーパウダー(またはきなこ、あるいは抹茶)を入れ、スプーンでよく混ぜる。
2　水を微量ずつ加えながら、手で混ぜたり握ったりしてまとめていく。水の量が少しでも多いと生地がゆるむため、後半は1滴ずつ加える。握って形が残るくらい(a)がかたさの目安。
3　手を水でぬらして2を6等分に丸める(b)。軽くつぶし、楊枝で押して好みの模様をつける(c)。バットに並べ、室温で半日以上乾かす。
4　ワックスペーパーでキャンディーのように包む。

＊寒梅粉は焼いた餅を粉にしたもの。製菓材料店で扱っています。

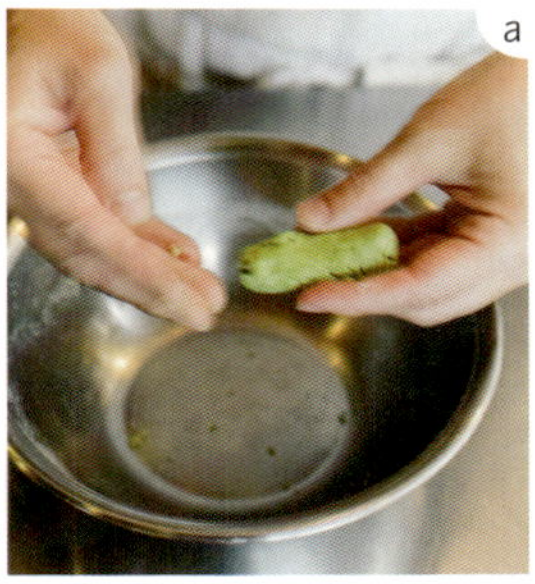
a

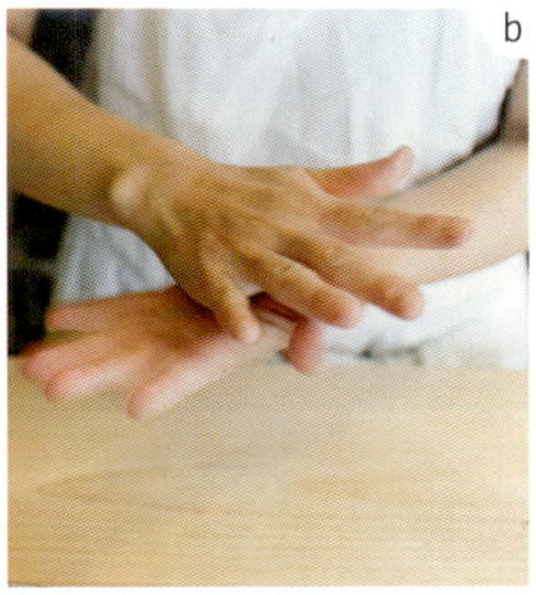
b

c

シンプルな白木の小箱に、細ひもでアクセント。お気に入りのお店のドライフラワーブーケも添えて。大人になった今だからこそ、母への感謝の気持ちが募ります。

箱詰めコラム1

贈ることを楽しむ ラッピングのアイデア

おいしいおやつを作ったら、箱詰めしてラッピングしてみましょう。身の回りにあるものを利用して自由に、楽しみながら包むのがコツ。心を込めれば、きっと想いが伝わるはずです。

白木の木箱には、細い麻ひもをかけて。シンプルなラッピングには、小ぶりで華やかなブーケがよく合います。

真っ赤なトランスパレントペーパーに重ねたのは、白い紙を対角線で四つ折りにして、はさみで飾り切りしたもの。

経木は木を紙のように薄く削ったもの。和風の印象ですが、あえて洋風菓子を包むのもおすすめ。庭先の針葉樹を添えて。

深紅の箱に茶色と白のトランスパレントペーパーを重ね、表情のある毛糸をかけるだけで、ぐっと印象的な贈りものに。

かごはそれだけで雰囲気が出せるので、包装紙は必要ありません。バースデーケーキなら、キャンドルやカードを添えて。

ゴムスタンプを好みの色で押し、お手製の包装紙を作りましょう。透け感のあるペーパーを重ね、サテンリボンをかけて。

おめでたい贈りものには、半紙に手書きした熨斗に、赤と白の紙を重ねて作った折り熨斗を貼り、紅白の紐をきゅっと結んで。

紙製のフードパックにハロウィン柄のワックスペーパーを巻き、毛糸で蝶結び。黒猫とかぼちゃのお手製ピックも添えて。

透明の箱に、シュレッダーした紙を敷いてお菓子を詰めます。お菓子を半分隠すように切り紙をのせるのがポイント。

回 箱詰めコラム2

お菓子を贈るための箱とラッピング素材

お菓子の箱は、蓋付きのものならどんなものでもOK。紙箱や缶、ほうろう容器、重箱、かご、お弁当箱など、詰めるものの雰囲気に合わせて選びましょう。ラッピングは、素材選びと手作りの一工夫がポイントです。

レースペーパー、色の美しい和紙やトランスパレントペーパーはラッピングに最適。ワックスペーパーやトレーシングペーパーはお菓子を包むのに便利。個性を出すなら、切り紙を手作りして。

細めのサテンリボンはオールマイティ。紅白やシルバーのひもは贈答用。マスキングテープも何かと便利。相性のよい色合いを揃えておくと、重ね使いでより華やかなアレンジも可能です。

毛糸や麻ひもなど、自然な風合いのひもをかけると、あたたかみのある雰囲気の贈りものになります。リボンと麻ひもなど、違う素材同士を組み合わせるのもおすすめです。

半紙に筆書きした手作り熨斗は、気持ちのこもった贈りものにぴったり。正方形の紅白のトランスパレントペーパーを重ねて折りたたむと、実は簡単に折り熨斗が作れます。愛らしさが魅力。

3

持ち寄りパーティ、おもてなしの手作りデザート

箱詰めのお菓子は、持ち寄りパーティのデザートにぴったりです。ほうろう容器を使えば、やわらかいデザートでも持ち運びしやすく、冷やすにも温めるにも便利です。テーブルの上で蓋を開ければ、場が華やぐこと請け合い。重箱詰めのアフタヌーンティーは、おもてなしにもおすすめです。きっとおしゃべりがはずみますよ。

持ち寄りパーティの人気モノ

カラフル白玉のあんみつセット

果物や野菜ジュースなどで風味づけした白玉、つやつやの寒天、手作りの小豆あんをほうろう容器に詰めて、持ち寄りパーティへ。きっと歓声があがりますよ。

いちごにトマト、オレンジ、抹茶。色だけでなく、風味の違いまで楽しめるのが、この白玉の魅力。黒蜜との相性も抜群です。

回材料　4人分

〈寒天〉　15×135×高さ50mmの角型1台分

粉寒天‥‥2g

水‥‥300mℓ

〈カラフル白玉〉　各10個分

プレーン白玉

- 白玉粉‥‥25g
- 水‥‥25mℓ

抹茶白玉

- 白玉粉‥‥25g
- 抹茶(粉)‥‥小さじ1/4
- 水‥‥25mℓ

いちご白玉

- 白玉粉‥‥25g
- いちご‥‥25g

トマト白玉

- 白玉粉‥‥25g
- トマトジュース‥‥25mℓ

オレンジ白玉

- 白玉粉‥‥25g
- オレンジジュース‥‥25mℓ

〈仕上げ〉

小豆あん(P.92)‥‥100g

黒蜜‥‥適量

回作り方

〈寒天〉

1　鍋に水と粉寒天を入れ、軽く混ぜてから中火にかける。完全に沸騰させてから、角型(流し缶が取り出しやすい)に流し入れ、冷やし固める。取り出して1.5cm角に切る。

〈カラフル白玉〉

2　プレーン白玉：白玉粉に水を加えて手でこね混ぜ、5gずつに分けて丸める。

3　抹茶白玉：白玉粉に抹茶と水を加えて手でこね混ぜ、5gずつに分けて丸める。

4　いちご白玉：白玉粉に粗く刻んだいちごを加え、手でつぶしながらこね混ぜ、5gずつに丸める。

5　トマト白玉／オレンジ白玉：白玉粉に各ジュースを加えて手でこね混ぜ、5gずつに分けて丸める。

6　鍋にたっぷりの湯を沸かし、2～5をゆでる。完全に浮き上がったら氷水に入れて冷ます。

〈持ち寄り用の箱詰め・仕上げ〉

7　蓋付きほうろう容器に1、水気を切った6、小豆あんをそれぞれ入れ、黒蜜とともに持って行く。

8　持ち寄り先で器に1、6、小豆あんを彩りよく盛り、黒蜜をかける。

＊カラフル白玉は彩りのよさはもちろんのこと、それぞれの風味がしっかり生きています。寒天の加熱は温度が低いと固まり方が弱くなるので、完全に沸騰させましょう。

絶品！ 持ち寄り和スイーツ

抹茶ときなこの和ティラミス

底の生地には、ごまやくるみをふんだんに。表面のクリームの上には、抹茶ときなこをたっぷりと。蓋付きほうろう容器なら、こんな生菓子も無理なく持って行けます。

材料

145×208×高さ44mmのほうろう容器1台分

卵黄・・・・2個
砂糖・・・・60g
卵白・・・・2個分
マスカルポーネチーズ・・・・250g
ラム酒（ダーク）・・・・好みで適量
ビスケット（市販）・・・・60g
くるみ（粗みじん切り）・・・・15g
白・黒ごま・・・・各小さじ1
抹茶（粉）・・・・適量
焦がしきなこ・・・・適量
もみじの葉・・・・適量

作り方

1　ビスケットは砕き、くるみ、ごまとともに蓋付きほうろう容器にむらなく敷き詰める（a）。
2　ボウルに卵黄、砂糖の半量を入れ、湯煎で温めながら泡立て器でねっとり白っぽくなるまで混ぜる。マスカルポーネチーズを加えてむらなく混ぜ、氷水に当てて冷ます。
3　別のボウルに卵白と残りの砂糖を入れ、ハンドミキサーで角が立つまで泡立てる。
4　2に3とラム酒を加え、ゴムべらで切るように混ぜ、1に流し入れる（b）。
5　厚紙を斜めにのせ、茶漉しで抹茶をふり（c）、ふった面を隠すように紙を置き直し、きなこをふる。もみじの葉をあしらう。
6　持ち寄り先でよく冷やし、底からすくって盛り分ける。

＊卵黄と砂糖を温めながらねっとりするまで混ぜると、なめらかな舌触りに仕上がります。チーズも混ぜたコクのあるクリームには、抹茶ときなこがビックリするくらいよく合うのです。

a

b

c

テーブルが華やぐデザート

ロシア風フルーツマリネ

持ち寄りはもちろん、さり気ないおもてなしにもぴったり。つやつやでジューシーなフルーツで、テーブルが一気に華やぎます。アイスクリームを添えるのもおすすめ。

材料　約4人分

いちご････75g
オレンジ････75g（1個）
キウイ････75g（1個）
バナナ････75g（1/2本）
ブルーベリー････20個
A
｜レモン汁････大さじ1
｜砂糖････大さじ1
｜いちごジャム････大さじ2～3
ミント････適量

作り方

1. いちごは縦半分に切る。
2. オレンジは包丁で放射状に薄皮ごと表皮をむき、果肉をくし形に切り出し、それぞれを半分に切る。
3. キウイは皮をむいて両端を落とし、6等分のくし形に切り、それぞれを半分に切る。
4. バナナは皮をむいて2cm幅の輪切りにする。
5. ボウルに1～4、ブルーベリーを入れ、Aを加えて手早く和える。
6. 蓋付きほうろう容器に彩りよく盛り、ミントを散らす。

＊いちごジャムとレモン汁の酸味が、フルーツをより一層おいしくしてくれます。ジャムはマーマレードやブルーベリージャムなどでもいいでしょう。

和えたてのフレッシュ感を楽しんでも、半日ほどマリネして味をなじませてもOKです。

焼きたてを味わう冬のおやつ

アップルクランブル

ほうろう容器にりんご、くるみ、レーズンをちりばめ、クランブル生地を詰めたら、あとは持ち寄り先で焼くだけ。あつあつに、アイスクリームを添えて。

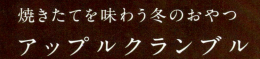

材料

145×208×高さ44mmのほうろう容器1台分

有塩バター(よく冷やす)····40g
A
- 薄力粉(ふるう)····40g
- アーモンドプードル····40g
- 砂糖····40g

りんご····1個
B
- 白ワイン····大さじ1
- ラム酒(ダーク)····小さじ1
- 砂糖····大さじ1～2

レーズン····20g
くるみ(粗みじん切り)····20g
アイスクリーム····適量

作り方

1 バターは1cm角に切り、Aとともにフードプロセッサーで撹拌してぽろぽろのフレーク状にする。

2 りんごは芯を取り、皮付きのまま1cm角に切り、蓋付きほうろう容器にまんべんなく散らす。Bを全体にふりかけ、レーズンとくるみも散らす。

3 *2*の上に*1*をびっしり敷き詰める。この状態で蓋をして、アイスクリームとともに持って行く。

4 持ち寄り先で蓋を取り、180℃に予熱したオーブンで20～30分、表面が香ばしく色づくまで焼く。

5 あつあつを皿に取り分け、アイスクリームを添える。

＊りんごの甘酸っぱさとクランブルの香ばしさが相性抜群。クランブルは練り混ぜるとほろほろ、さくさくした食感が失われるので、練らずにフレーク状に混ぜ上げて。

わが家に招いてお茶会

重箱アフタヌーンティー

スコーンにサンドイッチ、ミニタルトなど、アフタヌーンティーの定番アイテムを重箱でサーブしてみましょう。重箱なら、事前に詰めて重ねておけるうえに、木地がお菓子やパンの水分を適度に保って乾燥を防いでくれます。あとは、お客さまの到着を待つばかり。

3段の重箱に詰めたのは、緑茶と紅茶のスコーン(P.74)、ブルーベリー、ラズベリー、バナナきなこのミニタルト(P.75)、キューカンバーサンドとジャムチーズサンド(P.74)。

小ぶりなお茶菓子をずらりと並べ、紅茶もたっぷり用意して。甘いお菓子が続いたから、しょっぱいサンドイッチを一つまみ、次はどれにしようかしら……、そんな他愛ないおしゃべりが楽しい、午後のひとときです。

キューカンバーサンド

□材料　6切れ分

サンドイッチ用食パン‥‥2枚
きゅうり‥‥約1/3本
クリームチーズ‥‥30g(大さじ2)
ディル(粗みじん切り)‥‥1枝分

□作り方

1　きゅうりは両端を落とし、食パンの長さに合わせて切り、1〜2mm厚さの縦切りにする。
2　食パン2枚にクリームチーズを塗り、1枚に*1*をすき間なく並べる。ディルを散らし、もう1枚で挟み、6等分に切る。

＊シンプルだからこそ、ていねいに作るほどおいしさが際立ちます。好みでマスタードを塗ってもよいでしょう。

ジャムチーズサンド

□材料　6切れ分

サンドイッチ用グラハムブレッド‥‥2枚
A
　マスカルポーネチーズ‥‥25g
　生クリーム‥‥25mℓ
　砂糖‥‥小さじ1
B
　りんごジャム(P.109)‥‥大さじ1
　オレンジピール(粗みじん切り)‥‥小さじ1
　ドライフルーツの即席ラム酒漬け(P.87)‥‥小さじ1

□作り方

1　ボウルにAを入れ、泡立て器でしっかり泡立てる。
2　パン2枚に*1*を塗り、1枚にBを散らし、もう1枚で挟む。ラップで包んで冷蔵庫で30分以上冷やした後、6等分に切る。

＊コクのあるチーズクリームとフルーツの甘みと酸味が絶妙にマッチ。ジャムはりんごに限らず、お好みのものを。

緑茶のスコーン
紅茶のスコーン

□材料　6個分

有塩バター(よく冷やす)‥‥25g
緑茶葉または紅茶葉(すり鉢で粉状にする)‥‥大さじ1
A
　薄力粉‥‥100g
　ベーキングパウダー‥‥小さじ1
　砂糖‥‥15g
　塩‥‥1つまみ
卵‥‥25g(1/2個分)
牛乳‥‥25g
クロテッドクリーム‥‥適量
トマトジャム(P.109)‥‥適量
りんごジャム(P.109)‥‥適量

□作り方　＊緑茶味・紅茶味とも手順は同様

1　バターは1cm角に切り、A、緑茶葉または紅茶葉とともにフードプロセッサーで攪拌する。さらさらな状態になったら卵、牛乳を加えて軽く攪拌する。
2　生地を練らずにまとめてラップで包み、冷蔵庫で30分ほど休ませる。
3　*2*を麺棒で2cm厚さにのばし、直径3.5cmの丸型で抜く。
4　オーブンシートを敷いたオーブンプレートに並べ、刷毛やスプーンで上面に牛乳(分量外)を塗り、180℃に予熱したオーブンで15〜20分焼き、ケーキクーラーにのせて冷ます。
5　裂け目で割り、クロテッドクリームとジャムをぬる。

＊側面のざっくりした裂け目がスコーンの決め手。生地は練りすぎると膨らみが悪くなるため、練らずに手早くまとめましょう。

ブルーベリーのミニタルト
ラズベリーのミニタルト
バナナきなこのミニタルト

材料　直径5cm9個分

タルト生地
- 薄力粉‥‥50g
- 有塩バター（室温にもどす）‥‥25g
- 砂糖‥‥15g
- 卵‥‥12g（1/4個分）

お手軽カスタードクリーム（下記）
‥‥135g
ラズベリー‥‥9個
ブルーベリー‥‥9個
バナナ‥‥約1/3本分
レモン汁‥‥少量
焦がしきなこ‥‥適量
黒蜜‥‥適量
セルフィーユ‥‥各適量

＊タルトレット型がなければ、クッキーのように平らに焼いた上に、クリームやフルーツをのせてもいいし、市販のタルト皮やクッキー、クラッカーなどを利用すれば、さらに手軽に楽しめます。

作り方

1　ボウルにバターを入れ、スプーンで混ぜてやわらかくし、砂糖を加えてよく混ぜる。

2　卵を溶きほぐし、3回に分けて*1*に加えて泡立て器で混ぜる（完全に混ざってから次の分を加える）。

3　薄力粉をふるい入れ、ゴムべらで切るように混ぜる（粉気がなくなるまで）。ひとまとめにしてラップで包み、冷蔵庫で30分以上休ませる。

4　*3*を9等分し、それぞれを麺棒で直径約5cmの円形にのばし、直径5cmのタルトレット型に敷き込む。フォークで刺して全体に穴をあける。

5　オーブンプレートに*4*を並べ、170℃に予熱したオーブンで10分ほど焼く。

6　型から外してケーキクーラーに並べて冷ます。

7　ラズベリー／ブルーベリー：*6*にカスタードクリームを15g（大さじ1）ずつ詰め、ラズベリー（またはブルーベリー）を3個ずつのせ、中央にセルフィーユをあしらう。

8　バナナきなこ：7と同様にクリームを詰め、茶漉しできなこをふる。バナナを1.5cm厚さの扇形に切ってレモン汁で和え、クリームの上に3個ずつのせる。黒蜜をかけ、中央にセルフィーユをあしらう。

お手軽カスタードクリームの作り方

材料　ミニタルト6個分

卵黄‥‥1個
砂糖‥‥20g
薄力粉‥‥10g
牛乳‥‥100mℓ
ラム酒（ダーク）‥‥小さじ1/4
生クリーム‥‥40mℓ

1　耐熱ボウルに卵黄と砂糖を入れ、泡立て器でよく混ぜる。薄力粉、牛乳を順に加えてそのつど混ぜる。

2　*1*にラップをかけ、電子レンジ（600W）で2分加熱して全体をどろっとさせ、泡立て器で混ぜてなめらかにする。濃度がゆるければ、さらに30秒〜1分ほどかけてまた混ぜる。

3　ラム酒を加え混ぜ、冷ます。

4　生クリームを角が立つまで泡立て、*3*に加え、泡立て器で大きく混ぜてなめらかにする。

＊電子レンジで簡単に作れるのが魅力。加熱しすぎてダマにならないよう、様子を見ながら小刻みに加熱するのがコツ。

4

気持ちがやわらぐ 和のおやつの 箱詰め手みやげ

寒天にきんとん、蒸しパンに大福。和のおやつを目の前にすると、みんなの表情がやわらぎます。素朴でシンプルな佇まいがそうさせるのでしょう。せっかく作るなら、小豆あんから手作りしましょう。炊きたてのあんのおいしさは、作った人だけのご褒美。そんなつまみ食いも、おやつ作りの魅力です。

涼やかな和の手みやげ

カラフル寒天ゼリー

きらきらした色とりどりの寒天を箱に詰めると、まるで宝石箱！　蓋を開けた時の「わぁ～」という喜びの声が聞こえてきそうです。

写真右からクランベリー、マンゴー、バジル、牛乳味。寒天はしっかり固まるので、クッキー型できれいに抜けます。好みのフルーツジュースやクッキー型を使って、自由に楽しんでくださいね。

カラフル寒天ゼリー

材料　4人分

ベリー寒天
- クランベリージュース‥‥150㎖
- 砂糖‥‥10g
- 粉寒天‥‥1g

マンゴー寒天
- マンゴージュース‥‥150㎖
- 砂糖‥‥10g
- 粉寒天‥‥1g

牛乳寒天
- 牛乳‥‥150㎖
- 砂糖‥‥15g
- 粉寒天‥‥1g

バジル寒天
- バジル‥‥2〜3枚
- 水‥‥150㎖
- グラニュー糖‥‥25g
- 粉寒天‥‥1g

サイダー‥‥適量

作り方

1. ベリー寒天、マンゴー寒天、牛乳寒天は、同様の手順で作る。鍋にそれぞれの材料を入れ、軽く混ぜてから中火にかける。完全に沸騰したら、それぞれを角型やパウンド型に1cm厚さに流し、冷やし固める(a)。
2. バジル寒天は、鍋にバジル以外の材料を入れ、軽く混ぜてから中火にかける。完全に沸騰したらバジルをみじん切りにして加え、*1*と同様に流して冷やし固める(a)。
3. 寒天と型の間に1箇所包丁を入れ、型を逆さにして寒天を取り出す(b)。半分はトランプマークの抜き型で抜き(c)、残りは1cm角に切る(d)。
4. *3*をそれぞれ蓋付きのほうろうバットに入れ(e)、サイダーとともに持って行く。
5. 訪問先でよく冷やし、寒天を器に彩りよく盛り分け、サイダーを注いでいただく。

*流し缶がなくてもパウンド型やほうろう容器、お弁当箱など、手近な容器で作れます。粉寒天は計量しやすく扱いやすいので、初めての人でも失敗なく作れます。

a

b

c

d

e

サイダーをかけたり、アイスクリームを添えたり、いろんな味わい方ができます。もちろん、寒天だけで食べるのもおすすめ。

差し入れあんパンおやつ

丸パンの小豆あんサンド

あんパンを差し入れするなら、具材に工夫を凝らし、中身の見える愛らしい仕立てに。バターや生クリーム、酸味が絶妙なアクセントになるフルーツも一緒に挟みます。

和かごに経木がしっくりなじみます。すき間からちらりとのぞくおやつの気配に、ワクワク感が高まるはず。

材料　3個分

あんバターサンド
- 丸パン····1個
- 小豆あん(P.92)····30g
- 有塩バター(よく冷やす)····スライス1枚(5g)

フルーツあんサンド
- 丸パン····1個
- 小豆あん(P.92)····30g
- ホイップクリーム(無糖)····大さじ1
- ラズベリー····3個

ドライフルーツあんサンド
- 丸パン····1個
- 小豆あん(P.92)····30g
- ホイップクリーム(無糖)····大さじ1
- 干しあんず····1個

作り方

1. 丸パンは斜め下方向に切り込みを入れる。
2. あんバターサンド：*1*に小豆あんを塗り、バターをのせて挟む。
3. フルーツあんサンド：*1*に小豆あん、ホイップクリームを順に塗り、ラズベリーを並べて挟む。
4. ドライフルーツあんサンド：小豆あんとホイップクリームを混ぜて*1*に塗り、干しあんずをのせて挟む。

＊小豆あんだけでもおいしいけれど、バター、生クリーム、フレッシュやドライのフルーツを組み合わせると楽しさが倍増します。バターは溶けやすいので、挟む直前まで冷蔵庫で冷やしておきましょう。

蓋を開ければみんな笑顔

野菜のきんとん

紫いも、かぼちゃ、さつまいも、抹茶で仕立てたきんとんは、どれも素材の自然な味。きんとんって、こんなにおいしかったかしら？　きっとそう思うはずです。

材料　各5個分

さつまいもきんとん
- さつまいも‥‥100g
- 砂糖‥‥20g

抹茶いもきんとん
- さつまいも‥‥100g
- 砂糖‥‥20g
- 抹茶(粉)‥‥小さじ1/2

紫いもきんとん
- 紫いも‥‥100g
- 砂糖‥‥20g

かぼちゃきんとん
- かぼちゃ‥‥正味100g
- 砂糖‥‥20g

ラム酒(ダーク)‥‥好みで適量
粉糖‥‥適量

作り方

1. さつまいもは皮をむき、2cm角に切る。耐熱容器に入れ、100gにつき水大さじ2を加え、ラップをふわっとかけて電子レンジ(600W)で3〜5分ほど加熱する(火が通るまで)。
2. 紫いもも*1*と同様に行う。
3. かぼちゃは水の量を大さじ1にして、*1*と同じ様に加熱する。
4. *1*〜*3*を人肌に冷ましてマッシュし、*1*は2等分する。
5. それぞれに砂糖、好みでラム酒、抹茶いもきんとんには抹茶も加えて混ぜる。
6. 20gずつに分けて丸め、茶漉しで粉糖をかけ(a)、ラップで包んで絞って形を整え(b)、取り出す(c)。

*野菜のおいしさをシンプルに味わうおやつ。かぼちゃはホクホクした食感の品種が向いています。シナモンをふったり、生クリームを絞ったりするアレンジもおすすめ。

c

b

a

簡単でおいしい和パフェ

あんとベリーのパフェ

プラスチックカップで気楽に作れる和風パフェ。小豆あんとジューシーないちごの相性が抜群です。きなことぶぶあられをふり、黒蜜をかけて。

□材料　4個分

いちご‥‥4個
小豆あん(P.92)‥‥160g
お手軽いちごソース
｜いちごジャム‥‥大さじ2
｜レモン汁‥‥大さじ1
ドライフルーツの即席ラム酒漬け(下記)‥‥全量
ホイップクリーム(無糖)‥‥大さじ4
ラスク(市販)‥‥4枚
焦がしきなこ‥‥適量
ぶぶあられ‥‥適量
黒蜜‥‥適量

□作り方

1　いちごは縦半分に切る。
2　いちごジャムにレモン汁を混ぜてソースにする。
3　プラスチックカップに、砕いたラスク、小豆あん、ホイップクリーム、ドライフルーツの即席ラム酒漬け、お手軽いちごソース、1を順に盛り、きなことぶぶあられをふりかける。黒蜜をかけていただく。

*ベリーの甘酸っぱさが小豆あんのコクのある甘さをさわやかに包み込みます。きなこやあられ、黒蜜が和の雰囲気をぐっと高めてくれます。

ドライフルーツの即席ラム酒漬けの作り方

□材料

ドライベリーミックス(またはレーズンなど)
‥‥大さじ2(25g)
水‥‥大さじ1
砂糖‥‥小さじ2
ラム酒(ダーク)‥‥小さじ2

1　耐熱容器にドライベリーミックス(またはレーズンなど)を入れ、水を加える。ラップをせずに電子レンジ(600W)で1〜2分加熱する(ふっくらするまで)。
2　熱いうちに砂糖とラム酒を加えてよく和え、冷めるまでおく。

*時間のかかるラム酒漬けを電子レンジで即席に！　ベリーミックスで作ると甘酸っぱくて彩り豊か。レーズンならしっかりした甘さになります。

ほっこりおやつの差し入れ

さつまいもと紫いもの蒸しパン ごぼうコーヒー蒸しパン

どこか懐かしい蒸しパン。しっとりした風合いが魅力です。三角に切って竹かごに詰め、3時のおやつに差し入れ。日本茶はもちろん、コーヒーともよく合います。

ごぼうコーヒー蒸しパン

□材料　59×114×高さ49mmのパウンド型2台分

ごぼう‥‥75g
卵‥‥1個
砂糖‥‥80g
菜種油‥‥60㎖
牛乳‥‥60㎖
A
　薄力粉‥‥150g
　インスタントコーヒー‥‥大さじ2～3
　ベーキングパウダー‥‥小さじ1
けしの実‥‥適量

□作り方

1 型にオーブンシートを敷いておく。
2 ボウルに卵と砂糖を入れ、泡立て器でもったりとするまで混ぜる。菜種油を少しずつ加えながら混ぜ続け、牛乳も加えて混ぜる。
3 ごぼうはすりおろす。
4 Aを合わせて*2*にふるい入れ、*3*も加えてゴムべらで切るように混ぜる(粉気がなくなるまで)。
5 *1*に生地を入れて平らにならし、けしの実を散らす。右のレシピの*5*と同様に蒸して冷ます。

＊ごぼうとコーヒーは意外にもよく合うのです。ごぼうは変色しやすいので、生地に加える直前におろしましょう。

さつまいもと紫いもの蒸しパン

□材料　59×114×高さ49mmのパウンド型2台分

さつまいも‥‥40g
紫いも‥‥35g
卵‥‥1個
砂糖‥‥80g
菜種油‥‥60㎖
牛乳‥‥60㎖
A
　薄力粉‥‥150g
　ベーキングパウダー‥‥小さじ1

□作り方

1 型にオーブンシートを敷いておく。
2 さつまいもと紫いもは、皮付きのまま5mm角に切る。
3 ボウルに卵と砂糖を入れ、泡立て器でもったりとするまで混ぜる。菜種油を少しずつ加えながら混ぜ続け、牛乳も加えて混ぜる。
4 Aを合わせて*3*にふるい入れ、*2*も加えてゴムべらで切るように混ぜる(粉気がなくなるまで)。
5 *1*に生地を入れて平らにならし、蒸気の上がった蒸し器で20～30分蒸す。竹串を刺して生地がついてこなければ蒸し上がり。型から出して冷ます。

＊さつまいもの黄色と紫いもの濃い紫色のコントラストが、見た目に楽しいアクセントになり、断面もポップな印象に。食感にも変化をつけてくれます。

パウンド型なら、蒸しパン作りも気楽です。蒸した後は、型から出して冷ますとベタッとしません。

気取りのない和のおやつ

あんとフルーツとチョコの大福

みんなが好きな和のおやつ、大福を手作りしてみませんか？　定番の小豆あんはもちろんのこと、干しあんずや生チョコレートとのコンビもおすすめです。

□材料　6個分

餅生地
- 白玉粉‥‥100g
- 砂糖‥‥20g
- 水‥‥100mℓ

小豆あん大福
- 小豆あん（P.92）‥‥20g×2

ドライフルーツ大福
- 小豆あん（P.92）‥‥10g×2
- 干しあんず‥‥1個
- 干しいちじく‥‥1個

生チョコ大福
- 小豆あん（P.92）‥‥15g×2
- 生チョコレート‥‥5g×2

片栗粉‥‥適量
干しあんず（5mm角切り）‥‥3片
ココアパウダー‥‥適量

□作り方

〈中に入れるあんを準備する〉

1　小豆あん大福：小豆あんを20gずつに分けて丸める。

2　ドライフルーツ大福：干しあんずといちじくを半分に切り、それぞれ半分ずつを一組にして小豆あん10gと合わせて丸める。

3　生チョコ大福：生チョコ1個を小豆あん15gで包んで丸める。

〈餅生地を作って仕上げる〉

4　耐熱ボウルに餅生地の材料を入れ、木べらでむらなく混ぜる。ラップをかけ、電子レンジ（600W）で1分30秒加熱し、水をたっぷりつけた木べらで練り混ぜる。さらに1分→30秒→15秒と加熱を小刻みに短くしつつ、そのつど練り混ぜる。餅状にならなければ、さらに15秒の加熱をくり返す。

5　バットに片栗粉を広げ、*4*をあけて表面にまぶす。粗熱がとれたら6等分（30gずつ）に分け（a）、それぞれを丸める（b）。

6　*5*をつぶして円形にし、*1*〜*3*のいずれかを1個のせ（c）、餅を少しずつのばしながら包み（d）、最後をしっかりとじる（e）。

7　とじ目を下にしてまな板に置き、下部をぐるりと押さえて腰高に整える（f）。ドライフルーツ大福には干しあんずの角切りのせ、生チョコ大福には茶漉しでココアパウダーをふる。

＊餅生地の加熱しすぎには要注意。一気に加熱せず、1分30秒→1分→30秒→15秒と小刻みに。こまめに様子を見ることが大切です。

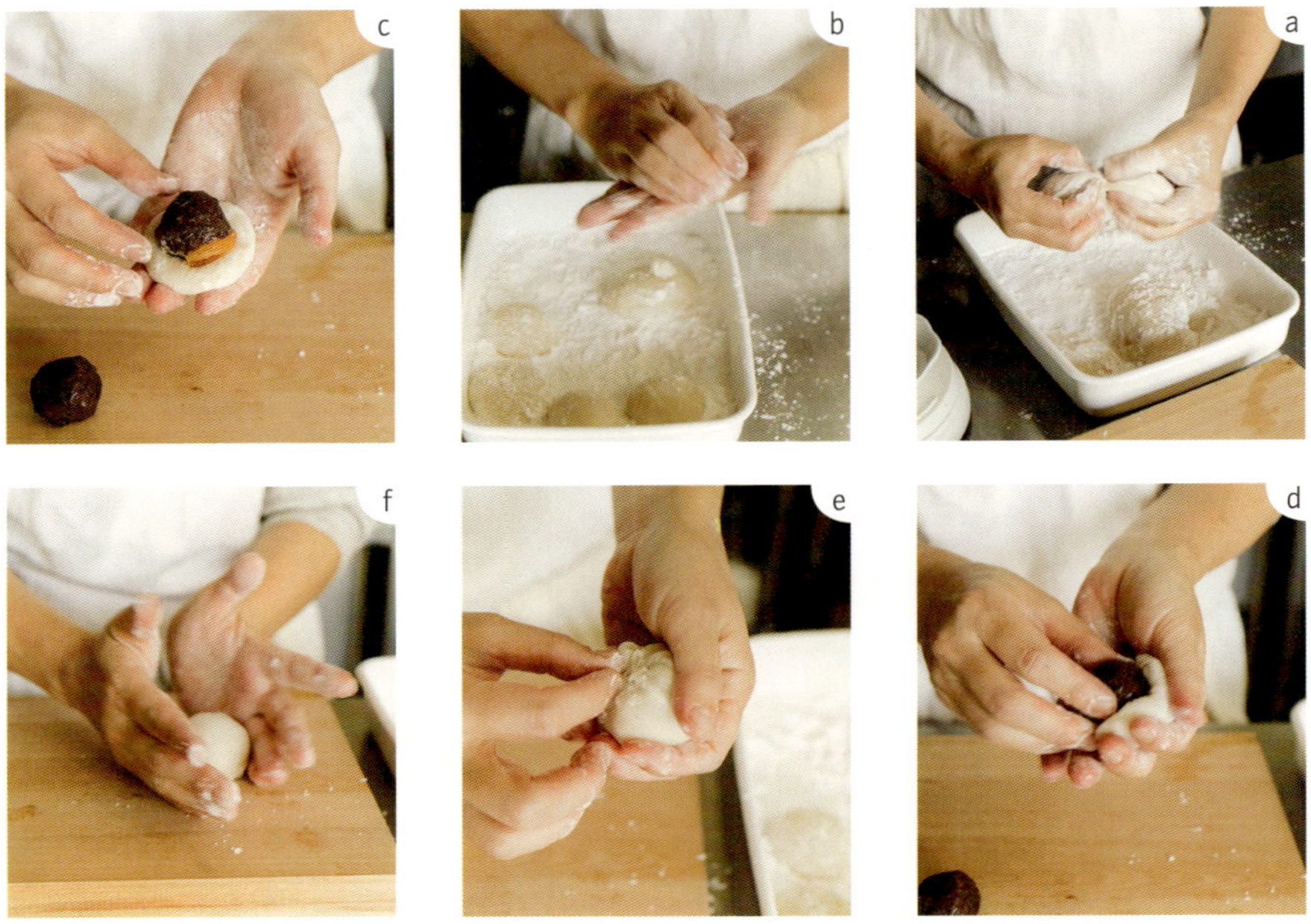

自家製ならでは！

やさしい甘さの
小豆あんの作り方

小豆あんは、自分で煮れば好みの甘さに仕立てられます。紹介するのは飽きのこない、甘さ控えめのレシピ。定番の和菓子はもちろん、パンに挟んだり、クリームと合わせてパフェを作ったり、おいしさの魅力は無限大です。

カップに重ねて
和パフェ！

パンに挟んで
あんパン！

餅生地で
包んで大福！

煮ている間は水を適宜足して、小豆が水面から出ないようにしましょう。指で簡単につぶせるくらいやわらかく煮えてから砂糖を加えるのが、やわらかくておいしいあん作りのコツです。

1

材料の作りやすい分量は、小豆100g（乾物）、三温糖（または白砂糖）60g、塩2つまみ。

2

小豆は水洗いして鍋に入れ、かぶるくらいに水を注ぐ。

3

中火に5分ほどかけ、豆のしわがのびてきたら、ざるにあけてゆで汁を切る。再び鍋に戻す。

4

かぶるくらいの水加減で中火にかけ、沸騰したら火を弱め、差し水をしながら指でつぶせるやわらかさに煮る。

5

すっかりやわらかくなったら、三温糖（または白砂糖）を加え、5分ほど弱火で煮る。

6

仕上げに塩を加えて混ぜ、汁気が多ければ火を強めて水分を飛ばす。

7

煮上がりの目安は、木べらで混ぜた跡が鍋底にくっきり残るくらい。

8

保存容器に移して冷ます。鍋に入れておくと、余熱であんにさらに火が通ってしまう。

9

生地やパンなどで包んだり挟んだりする時は、計量して丸めておくと作業しやすい。

5

生菓子、焼き菓子、蒸し菓子の箱詰めおやつ

フルーツサンドにモンブラン、チーズケーキ、カスタードプリン。みんなの大好きな定番おやつを箱詰めに。どんなお菓子でも、箱に詰めた途端にちょっとすまし顔になるから不思議です。箱を開けた瞬間の、「わぁ!」という歓声や笑顔を思い浮かべながら、ぎっしり詰めてくださいね。

みんなが喜ぶ手みやげ

フルーツサンドの詰め合わせ

切り口が魅力のフルーツサンド。いちご入り、いちごとメロンのコンビ、ジャムとラムレーズンとオレンジピールのミックス——重箱にきれいに詰めて手みやげに。蓋を開けると、なんとも愛らしい姿が現れるのです。

いちごとメロンのフルーツサンド

回材料　8切れ分

いちご‥‥大6個
メロン（2cm角切り）‥‥4切れ
A
　マスカルポーネチーズ‥‥50g
　生クリーム‥‥50㎖
　砂糖‥‥小さじ2
サンドイッチ用食パン‥‥4枚

回作り方

1　ボウルにAを入れ、泡立て器で角が立つまで泡立てる。
2　食パン4枚に1をたっぷり塗る。
3　2の1枚にいちご5個を寝かせて並べる（中央に1個、そのまわりの対角線上に4個）。別の1枚には、中央にいちご1個（寝かせる）、まわりの対角線上にメロン4切れを並べる。それぞれに残りの食パンをのせて挟む。
4　ラップでぴっちり包み、冷蔵庫で30分以上冷やして落ち着かせ、4等分の三角形に切る。

＊いちごとメロンをたっぷり挟んだサンドイッチは、ジューシーさと切り口の愛らしさが魅力。四角く切って一緒に詰め合わせたのは、りんごジャムとドライフルーツなどを挟んだジャムチーズサンド（P.74）。

お菓子を工夫しながら箱詰めするのは、私にとってこの上なく楽しい時間。枡目に仕切った重箱に、いろんなおやつを詰めてみたら、こんなにおいしそうな景色が！

秋の美味をお届け

お手軽モンブラン

栗の渋皮煮で作るモンブラン。絞り袋などの特別な道具は必要ありません。プラスチックカップで作って、ほうろう容器でお届け。秋の差し入れに喜ばれること間違いなしです。

□材料　6個分

栗の渋皮煮(市販の甘露煮)‥‥250g
砂糖‥‥好みで適量
牛乳‥‥大さじ1～2
ラム酒(ダーク)‥‥小さじ1～2
A
｜生クリーム‥‥150㎖
｜砂糖‥‥大さじ1弱
マコロン(市販)‥‥24個
粉糖‥‥適量

a

b

c

□作り方

1　栗の渋皮煮はフードプロセッサーにかけてペースト状にし、甘さが足りなければ砂糖を混ぜる。
2　1をボウルに取り出し、牛乳とラム酒を加え、ゴムべらで混ぜる。
3　別のボウルにAを入れ、角が立つまで泡立てる。
4　プラスチックカップのそれぞれに、マコロンを丸い面を外側にして3個並べ入れ、3を詰めて固定し(a)、さらに1個を中央にのせる(b)。
5　2を4の上にのせて山の形に整える(c)。仕上げに茶漉しで粉糖をふる。

＊上質の和栗の渋皮煮で、とびきりおいしいモンブランを作りましょう。甘さを好みで調節できるのもいいところ。マコロンがなければ、軽い食感のビスケットやスポンジケーキでもOKです。

みんなで分け合うおやつ

野菜サブレの詰め合わせ

にんじん、フライドオニオン、紫いも、ローズマリー、ほうれん草、干ししいたけの6つの風味。色合いや風味の違いを楽しめるよう、詰め合わせに。

材料　48枚分

薄力粉････300g
有塩バター(室温にもどす)････150g
砂糖････90g
卵(Lサイズ)････1個
A
ほうれん草パウダー････小さじ1
にんじんパウダー････小さじ2
紫いもパウダー････小さじ2
干ししいたけ(みじん切り)････大さじ1
フライドオニオン････大さじ1
ローズマリー(みじん切り)････小さじ1

作り方

1 ボウルにバターを入れ、木べらで混ぜてやわらかくし、砂糖を加えてよく混ぜる。
2 別のボウルに卵を溶きほぐし、3回に分けて1に加えて泡立て器で混ぜる(完全に混ざってから次の分を加える)。
3 薄力粉をふるい入れ、ゴムべらで切るように混ぜる(粉気がなくなるまで)。
4 3を6等分し、それぞれにAを1種類ずつ加え混ぜて6種類の生地にする。
5 各生地を手で転がして太さ3.5cmの円柱状に整え、ラップで包み、冷蔵庫で30分以上休ませる。
6 各生地を8等分の輪切り(6〜7mm厚さ)にし、ローズマリー生地には上にローズマリーの葉少々(分量外)を押しつける。
7 オーブンシートを敷いたオーブンプレートに並べ、170℃に予熱したオーブンで20〜25分焼く。ケーキクーラーに並べて冷ます。

*野菜パウダーは製菓材料店で各種取り扱っています。焼いても色がしっかり残り、風味もしっかり出るので焼き菓子作りに重宝します。落ち着いたアースカラーになるのも魅力。

チーズケーキの食べくらべセット

マンゴーのベイクドチーズケーキ シークワーサーのレアチーズケーキ

チーズケーキ好きに贈る、ベイクドとレアの食べくらべセット。どちらがお好き？ さあ、じっくり思い悩んでいただきましょう。

レアは、さわやかなシークワーサーソースとなめらかなチーズ生地。ベイクドは、とろりとしたマンゴーと濃厚なチーズ生地。迷ったら、両方どうぞ！

マンゴーの
ベイクドチーズケーキ

材料

直径75×高さ57mmの耐熱グラス4個分

クリームチーズ(室温にもどす)・・・・200g
砂糖・・・・40g
卵黄・・・・1個
ラム酒(ダーク)・・・・好みで適量
ビスケット・・・・50g
有塩バター(溶かす)・・・・20g
マンゴージャム・・・・大さじ4
マンゴー(1.5cm角切り)・・・・8切れ
ミント・・・・4枚

a

b

作り方

1 ビスケットは細かく砕き、溶かしたバターと混ぜ、4等分して耐熱グラスに敷き詰める。冷蔵庫で冷やしておく。

2 ボウルにクリームチーズと砂糖を入れ、木べらでよく混ぜる。卵黄とラム酒を加え、泡立て器でむらなく混ぜる。

3 *1*にマンゴージャムを大さじ1ずつ入れ(a)、*2*を分け入れる。

4 バットに*3*を並べ、グラスの半分の高さまで湯をはり(b)、160℃に予熱したオーブンで30分ほど湯煎焼きする。湯から外して冷ます。

5 マンゴーを2切れずつのせ、ミントをあしらう。

*クリームチーズの酸味にマンゴーの豊かな風味がよく合います。グラスの代わりにバットなどで大きく作り、好みのサイズに切り分けるのもおすすめです。

シークワーサーの
レアチーズケーキ

回材料

直径75×高さ57mmの耐熱グラス5個分

生クリーム・・・・100g
粉ゼラチン・・・・4g
クリームチーズ（室温にもどす）・・・・200g
砂糖・・・・30g
プレーンヨーグルト（無糖）・・・・100g
シークワーサー果汁・・・・小さじ1
ビスケット・・・・50g
有塩バター（溶かす）・・・・20g
シークワーサーソース
　シークワーサー果汁・・・・大さじ2
　砂糖・・・・大さじ2
シークワーサーかすだち（スライス小片）
　・・・・10切れ

回作り方

1 ビスケットは細かく砕き、溶かしたバターと混ぜ、5等分して耐熱グラスに敷き詰める。冷蔵庫で冷やしておく。
2 小鍋に生クリーム入れて弱火で熱し、粉ゼラチンを少しずつ加え混ぜて溶かし、粗熱をとる。
3 ボウルにクリームチーズと砂糖を入れ、木べらでよく混ぜる。ヨーグルトとシークワーサー果汁、2を順に加え、そのつど泡立て器でむらなく混ぜる。
4 1に3を分け入れ（a）、冷蔵庫で冷やし固める。
5 耐熱容器にシークワーサーソースの材料を入れて混ぜ、ラップをせずに電子レンジ（600W）で2～3分加熱する（半量程度に煮詰める）。
6 4に冷ました5をかけ（b）、シークワーサーかすだちの小片を2枚ずつのせる。

＊コクのあるクリームチーズをシークワーサーのきりっとした酸味でいただきましょう。シークワーサー果汁は瓶詰めが市販されており、一年を通して作れます。

和プリンの差し入れ

ほうじ茶ソースの蒸しプリン

蒸し器で作るプリンは、茶碗蒸しのようななめらかな口溶けが魅力です。手軽な値段のアルミ箔型で作って、箱に詰めて差し入れしましょう。

ほうじ茶葉をそのまま使ったソースは、しっかりしたほろ苦さ。プリンにたっぷりからめて召しあがれ。

回材料　容量120㎖のアルミプリンカップ4個分

卵‥‥2個
砂糖‥‥30g
生クリーム‥‥100㎖
牛乳‥‥100㎖
ほうじ茶ソース
　ほうじ茶葉‥‥小さじ1/2強
　砂糖‥‥大さじ2
　水‥‥大さじ2

回作り方

1　ボウルに卵を入れて泡立て器で溶きほぐし、砂糖、生クリーム、牛乳を加えてよく混ぜる。

2　*1*を漉してアルミプリンカップに注ぎ分ける。

3　蒸気の上がった蒸し器で15〜20分蒸す。表面が少し膨らみ、全体に白っぽくなれば蒸し上がり。

4　ほうじ茶ソースを作る。ほうじ茶葉をすり鉢やミルで粉状にし、他の材料とともに耐熱容器に入れて混ぜ、ラップをせずに電子レンジ(600W)で2〜3分加熱する(半量程度に煮詰める)。

5　*3*に*4*をかける。

＊お菓子の定番、カスタードプリンをほろ苦いほうじ茶ソースで和風にアレンジ。温かくても冷やしてもおいしくいただけます。さっぱりめが好みなら、生クリームを牛乳に代えてもいいでしょう。

びん詰めギフト

自家製ジャム詰め合わせ

定番の果物のジャムと個性的な野菜ジャムを詰め合わせてギフトに。手ぬぐいで作ったあずま袋に、パンと一緒に入れてお届け。

すだちとレモンのジャム

材料　作りやすい分量

すだち・・・・2個　} 合わせて100g
国産レモン・・・・1/2個　}
砂糖・・・・80g

作り方

1　すだちとレモンは半分に切って種を取り、果汁を搾る。
2　*1*で残った表皮と薄皮をせん切りにし、3回ゆでこぼしてやわらかく火を通す。それを水に1時間～半日浸し、水気を切る。
3　鍋に*1*の果汁、*2*、砂糖を入れ、中～弱火で10分ほど煮る（焦げつきそうなら蓋をする）。

にんじんジャム

材料　作りやすい分量

にんじん・・・・100g
オレンジジュース・・・・100㎖
砂糖・・・・50g

作り方

1　にんじんはすりおろし、耐熱容器に入れてラップをかけ、電子レンジ（600W）で2分ほど加熱する。
2　鍋に*1*とそのほかの材料を入れ、中～弱火で15分ほど煮る。

トマトジャム

材料　作りやすい分量

完熟トマト・・・・100g
砂糖・・・・50g
レモン汁・・・・大さじ1/2

作り方

1　トマトは沸いた湯にさっと浸して皮をむき、1cm角に切る。
2　鍋に*1*とそのほかの材料を入れ、中～弱火で15分ほど煮る。

りんごジャム

材料　作りやすい分量

りんご・・・・100g
砂糖・・・・50g
レモン汁・・・・大さじ1/2

作り方

1　りんごは芯を取り、皮付きのまま5mm角に切る。
2　鍋に*1*とそのほかの材料を入れ、中～弱火で15分ほど煮る（焦げつきそうなら蓋をする）。

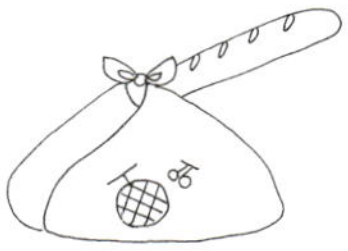

あずま袋の作り方

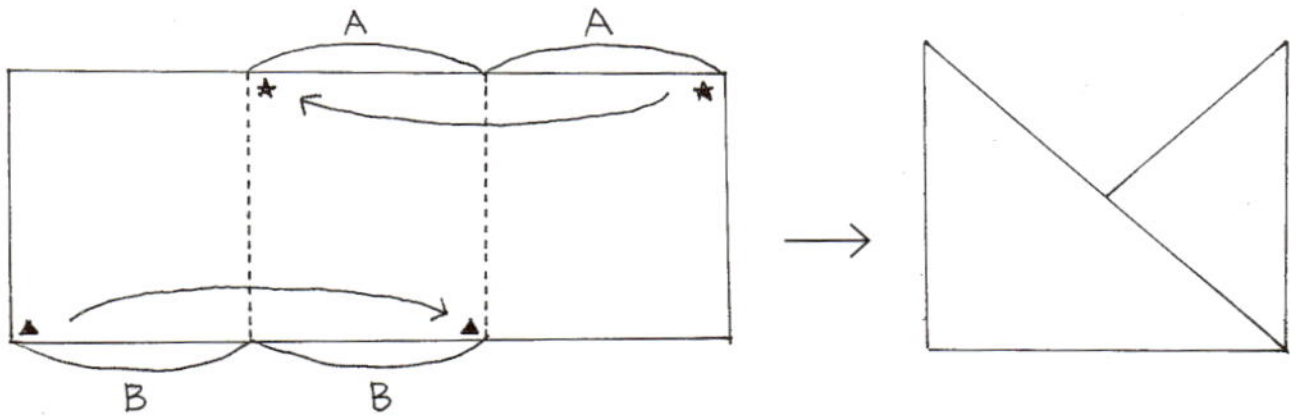

手ぬぐいを3等分に折り（★と★、▲と▲を合わせる）、A辺同士、B辺同士をぬい合わせる。

生地をひっくり返したら、できあがり。

いづいさちこ

「くにたちの食卓 いづい」主宰。静岡県生まれ。オーガニックレストラン、懐石料理店、ベーカリー、料理教室のインストラクターなど、さまざまな場で働いた経験を生かし、2004年より料理教室を始める。季節の料理、お菓子のレッスンをメインに、キッズ教室やカフェのメニュー開発、料理やお菓子の注文販売なども行う。3児の母。著書に『箱詰めもてなしレシピ』(小社刊)がある。
http://www.kunitachinoshokutaku.com/

●協力
国立コーヒーロースター
Marca(ドライフラワー)
musubi くらしのどうぐの店

フェルト菓子制作／鈴木綾子
撮影／大山祐平
デザイン／片岡修一 (pull/push)
編集／美濃越かおる

お歳暮《せいぼ》、暦菓子《こよみがし》、イベント、手《て》みやげ、持《も》ち寄《よ》り、ギフトまで
詰《つ》めて楽《たの》しむ和《わ》と洋《よう》の菓子《かし》53品《ひん》

箱《はこ》詰《づ》めおやつの贈《おく》りもの

2016年12月12日　発　行　　NDC596

著　者　いづいさちこ
発行者　小川雄一
発行所　株式会社 誠文堂新光社
〒113-0033　東京都文京区本郷3-3-11
(編集)電話03-5805-7285
(販売)電話03-5800-5780
http://www.seibundo-shinkosha.net/
印刷・製本　大日本印刷 株式会社

ISBN978-4-416-71646-5